Paola, Fabio und das Familienfest

Eine Geschichte von Donatella Capriz
mit Illustrationen von Friederike Rave

Dieses Buch erscheint in der Reihe „Alle Kinder dieser Welt",
herausgegeben von Myriam Halberstam

Paola und Fabio sind Bennys beste Freunde. Die beiden kommen aus Italien und gehen mit Benny in den Kindergarten. Morgen wollen sie zu ihren Großeltern in ihre alte Heimat fahren, denn ihre kleine Cousine wird getauft. „Das wird ein großes Fest", sagt Paola zu Birgit, der Erzieherin. Benny ist ein wenig traurig. „Ein anderes Mal kannst du vielleicht mit uns kommen", schlägt Fabio vor. Aber Benny weiß nicht, ob er sich das trauen würde. In Italien spricht man doch eine ganz andere Sprache, er würde Paolas und Fabios Oma und Opa gar nicht verstehen.

Paola und Fabio waren schon oft bei Nonna und Nonno – so heißen Oma und Opa auf Italienisch. Die Reise dauert lange und sie müssen auch einmal im Hotel übernachten. Dann haben sie aber schon die Berge erreicht, die Alpen. Am nächsten Tag geht es an steilen Hängen und tiefen Schluchten entlang. Paola und Fabio spielen „Wer zuerst einen Wasserfall sieht" oder „Auf welcher Seite mehr Kühe sind". – „Wann sind wir endlich da?", quengelt Fabio, als sie durch einen langen dunklen Tunnel fahren. „Noch ein bisschen aushalten, dann machen wir wieder Pause", beruhigen die Eltern die Kinder. Und da wird es auch schon wieder ganz hell und der Himmel ist strahlend blau. Paola und Fabio blinzeln mit den Augen und ab jetzt geht es nur noch den Berg hinunter. Jetzt ist Italien ganz nah!

Endlich erreichen sie das Haus der Großeltern. „Carissimi! Ihr Liebsten, schön, dass wir euch wieder mal bei uns haben!" Aus der Küche duftet es herrlich und alle lachen und reden laut durcheinander. Im Zimmer für die Kinder liegt das uralte Pinocchio-Buch. Es ist Paolas Lieblingsbuch. Sie mag die Bilder von der guten Fee mit den langen blauen Haaren, die Pinocchio immer wieder aus der Patsche hilft. „Nonna, liest du mir gleich was vor?", fragt Paola, während Fabio und Nonno sich liebevoll raufen. „Erst wird gegessen", bestimmt Nonna streng, doch dann lächelt sie gleich wieder. Das lassen sich die beiden nicht zweimal sagen: Nonnas Essen gibt es auf der ganzen Welt nicht noch einmal.

Nonna stellt eine große dampfende Auflaufform auf den Tisch. „Lecker, Lasagne ist mein Lieblingsessen!", ruft Paola aus. „Lasagne und deutsche Bratwürste!", ergänzt Fabio. Die Erwachsenen lachen: „Na, du kennst wohl die besten Sachen aus beiden Ländern, Fabio. Das ist der Vorteil, wenn man ein Zuhause in Deutschland und in Italien hat", bemerkt sein Papa schmunzelnd. „Ich esse am liebsten Lasagne, deutsche Würstchen – und Pizza Margherita!", sagt Paola. „Weißt du eigentlich, warum deine Lieblingspizza Margherita heißt?", fragt Nonna.

Die Großmutter erzählt, dass die Pizza Margherita nach einer Königin benannt wurde, die eines Tages unbedingt Pizza essen wollte. Die königlichen Köche waren vollkommen ratlos, weil in jener Zeit nur arme Leute Pizza aßen. Sie riefen darum den besten Pizza-Bäcker aus Neapel herbei und hofften, dass er die Königin zufriedenstellen würde. Und der Pizza-Bäcker enttäuschte das Königshaus nicht: Zusammen mit seiner Frau buk er eine Pizza in den Nationalfarben Italiens. Mit roter Tomatensoße, weißem Mozzarella-Käse und grünem Basilikum. Und weil die Pizza der Königin ganz ausgezeichnet schmeckte, wurde sie fortan nach ihr benannt.

Nach dem Essen kocht Nonno für die Erwachsenen einen Espresso. Da klingelt es an der Tür: Es sind Onkel Massimo und Tante Franca mit dem Baby Chiara. Sie wohnen gleich nebenan und begrüßen die Weitgereisten mit großem Hallo.

Am nächsten Morgen stehen alle schon sehr früh auf und ziehen sich schöne Kleider an. Paola möchte helfen, dem Baby das festliche Kleidchen anzuziehen. Als sie versucht, Chiara das kleine Spitzenhäubchen aufzusetzen, verzieht sie ihr Gesicht und fängt an, laut zu schreien. Paola versucht sie abzulenken. Dann ist es endlich Zeit, zur Kirche zu fahren.

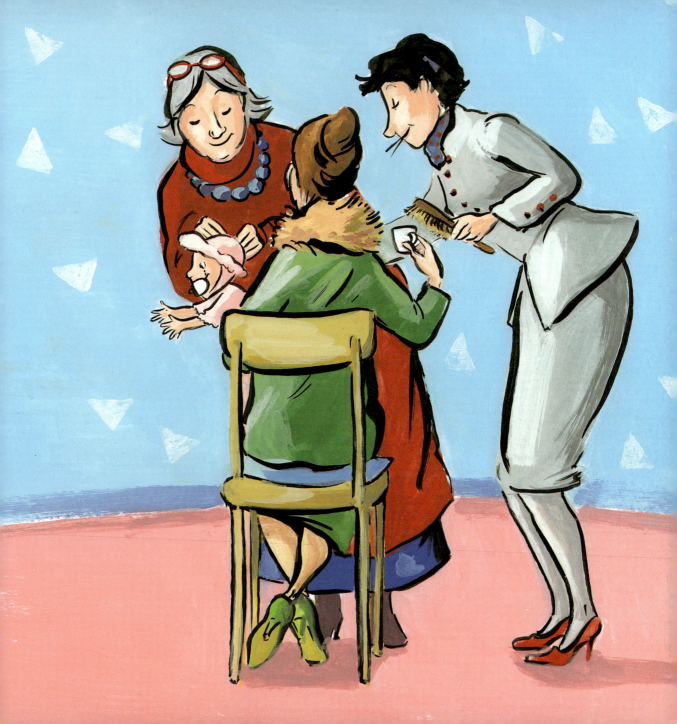

Vor der Kirche haben sich Freunde der Familie eingefunden. Alle strahlen in ihren Festkleidern und die Kinder hüpfen und schlittern vergnügt auf den glatten, hellen Marmorfliesen vor dem Kircheneingang. Dann kommt der Priester in seiner festlichen Robe. Er heißt alle willkommen und bittet die Taufgäste, in die Kirche einzutreten. Die Kinder nehmen neben Nonna und Nonno auf den Bänken Platz. „Pssst!", mahnt Nonna. Jetzt müssen alle still sein.

Nach dem Gebet geht Tante Franca mit der kleinen Chiara auf dem Arm langsam zum Taufbecken. Zwei Freunde kommen hinzu. Sie werden die Taufpaten sein. Chiaras Häubchen wird abgenommen und das Baby wird vorsichtig über das Taufbecken gehalten. Der Priester schöpft mit seiner Hand etwas Weihwasser, lässt es über Chiaras Kopf fließen und segnet sie. Die Kleine gluckst vergnügt. Die Erwachsenen sind alle ganz gerührt, Nonna tupft sich Tränen aus den Augen und auch Nonno muss in sein großes Taschentuch schnäuzen.

Schließlich reicht Tante Franca ihre kleine Tochter in die Arme der Patin. Dann legt sie einen wunderschönen Strauß weißer Rosen vor der Statue der Heiligen Maria nieder. Die Kinder schauen andächtig zu. Die Heilige Maria ist in ein blaues Gewand gehüllt und hält ein Baby im Arm. Paola kommt es so vor, dass sie sich ganz besonders über die Blumen freut, weil sie immerzu so schön lächelt.

Zu Mittag geht die ganze Familie in ein Restaurant. Es gibt ein Festessen und es wird viel geredet und gelacht. Zum Nachtisch wird eine riesige Torte mit rosa Zuckerguss gereicht. Von alldem bekommt die kleine Chiara nichts mit. Sie schläft

tief und fest in ihrem Kinderwagen. Paola und Fabio sind auch müde geworden. Nonna hat das alte Pinocchio-Buch mitgebracht und liest den beiden daraus vor. Fabio denkt an Benny. Ob er jetzt gerade mit anderen Freunden auf dem Spielplatz tobt? Er wäre gern dabei.

Paola hingegen schaut sich lange die Bilder mit der blauen Fee an, die im Buch so schön gemalt ist. Sie sieht der Heiligen Maria in der Kirche ähnlich. „Ob sie wohl Schwestern sind?", überlegt Paola. Dass es in Italien so schöne blaue Feen gibt, muss sie unbedingt im Kindergarten erzählen, wenn sie wieder in Deutschland zurück sind. Birgit, die Erzieherin, kennt ganz viele Geschichten – aber von einer blauen Fee hat sie bestimmt noch nie was gehört.